To Toby.
With love from Anne.
X
2018.

les animaux prédateurs

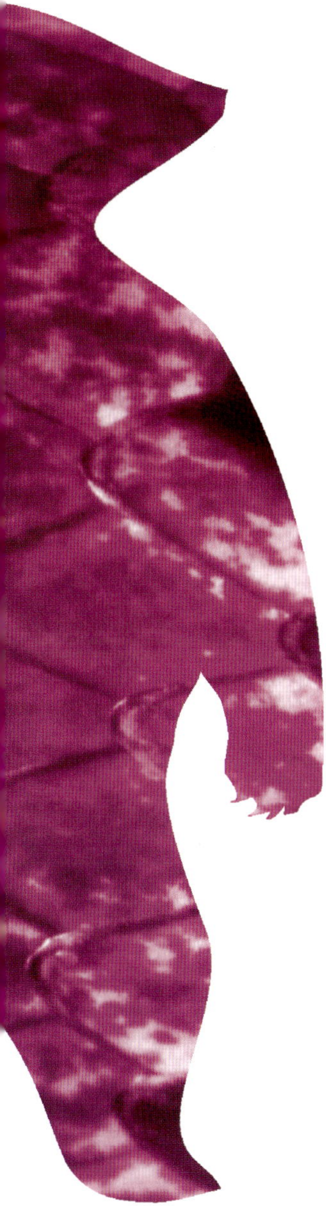

Piccolia

Sommaire

à l'état sauvage 3 +

- Le lycaon 4
- L'ours polaire 5
- Le grizzly 6
- Le puma 7
- Le grand requin blanc 8
- L'orque 9
- Le loup 10
- Le tigre 11
- La panthère noire 12
- Le jaguar 13
- Le guépard 14
- Le piranha 15
- Le crocodile 16
- L'ocelot 17
- Le chacal 18
- La hyène tachetée 19
- L'anaconda 20
- Le lion 21
- Le lynx 22
- Le pygargue à tête blanche 23

les animaux
prédateurs

Le lycaon

Ce chien sauvage vit et chasse en meute constituée de 5 à 20 individus. Son territoire est immense car c'est un nomade.

L'ours polaire

L'ours blanc vit au pôle Nord. C'est un excellent nageur qui se nourrit de phoques et de poissons.

Le grizzly

Ces ours solitaires se réunissent le long des torrents et des rivières pendant la période où les saumons remontent le courant.

Le puma

Ce félin américain est aussi appelé couguar. Il fait partie de la famille du chat mais il est 15 à 20 fois plus gros !

Le grand requin blanc

C'est l'un des plus grands prédateurs des océans.
Il n'attaque que pour se nourrir et raffole des otaries.

L'orque

L'orque est le plus grand des dauphins. Elle n'a pas peur de s'attaquer à une baleine pour en faire son repas.

Le loup

Les hurlements permettent aux loups d'une meute de se regrouper. Ils signalent leur présence et invitent les étrangers à s'enfuir.

Le tigre

C'est le plus gros des félins : il peut peser jusqu'à 280 kilos.
Le tigre ne craint aucun prédateur, sauf l'homme.

La panthère noire

La panthère est aussi appelée léopard. Elle nage très bien et hisse ses proies dans les arbres pour les manger tranquillement.

Le jaguar

Ce félin américain chasse essentiellement au sol, la nuit, mais peut grimper sur une branche pour se mettre en embuscade.

Le guépard

Le guépard est l'animal terrestre le plus rapide. Il peut atteindre la vitesse de 110 km/h sur une courte distance (500 m).

Le piranha

Le plus impressionnant chez ce poisson est sa bouche munie de dents coupantes et légèrement incurvées.

Le crocodile

C'est un animal très rapide : il peut atteindre 18 km/h quand il se jette sur ses proies. Il noie ses victimes et les avale sans les mâcher.

L'ocelot

L'odorat de l'ocelot est très développé, mais il utilise davantage son ouïe et sa vue pour chasser lors de ses expéditions nocturnes.

Le chacal

On le trouve en Afrique et en Asie. C'est un chien sauvage proche du coyote d'Amérique du Nord qui chasse de petits rongeurs.

La hyène tachetée

Excellentes chasseuses en groupe, elles se nourrissent aussi des carcasses que les autres animaux ont laissées.

L'anaconda

Les anacondas regroupent quatre espèces de boas aquatiques. Ils ont des dents et une mâchoire puissante pour attraper leurs proies.

Le lion

Le lion est le plus grand carnivore d'Afrique. Ce sont les femelles qui chassent et le mâle peut avaler 30 kg de viande en une fois.

Le lynx

Il peut pister sa proie pendant des heures puis il se camoufle, observe... et se lance à l'attaque !

Le Pygargue à tête blanche

Cet aigle est un grand pêcheur. Dans les airs, il peut voir une proie à 1 km de distance et même dérober celle d'autres rapaces.

Techniparc
Z.A.E. de la Noue-Rousseau
5, rue d'Alembert
91240 SAINT-MICHEL-SUR-ORGE
Dépôt légal : 3e trimestre 2007
Loi n°49-956 du 16 juillet 1949
sur les publications destinées à la jeunesse.
Imprimé en Chine.

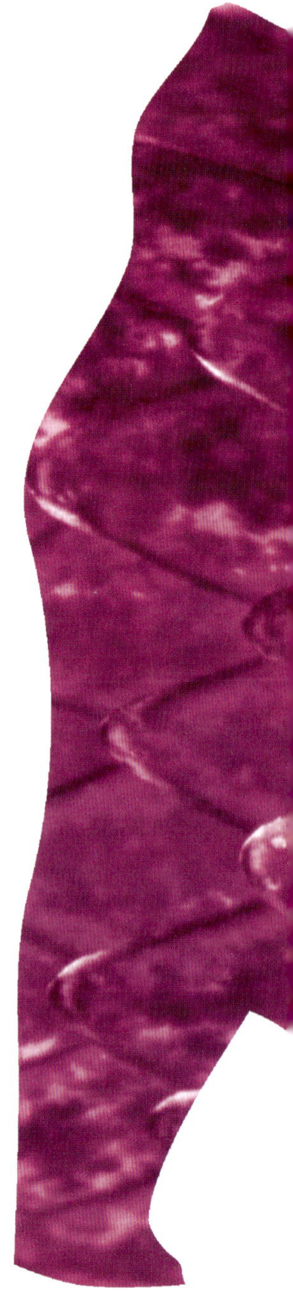

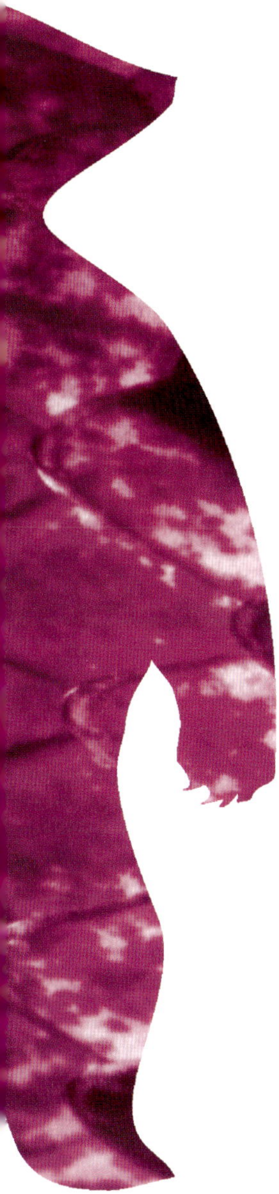